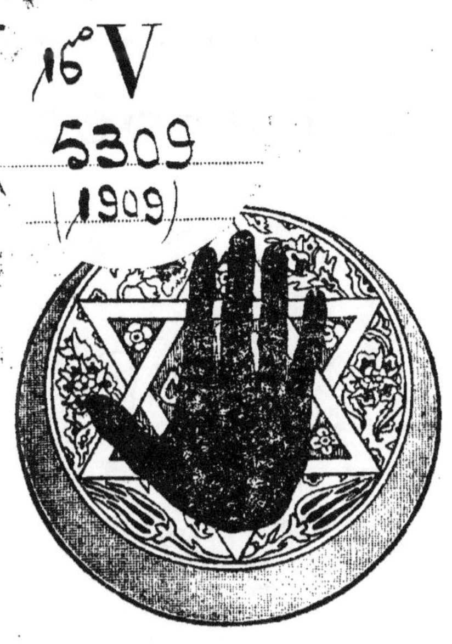

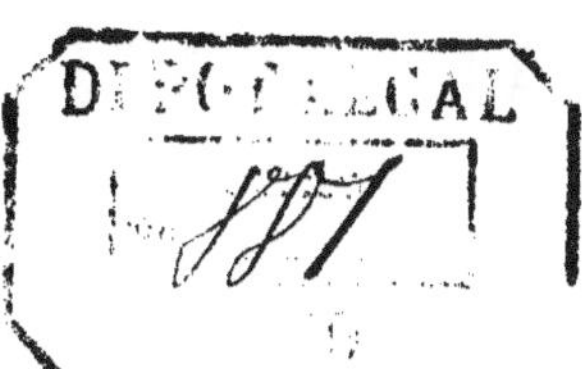

18e Exposition
1909

Les Peintres Orientalistes Français

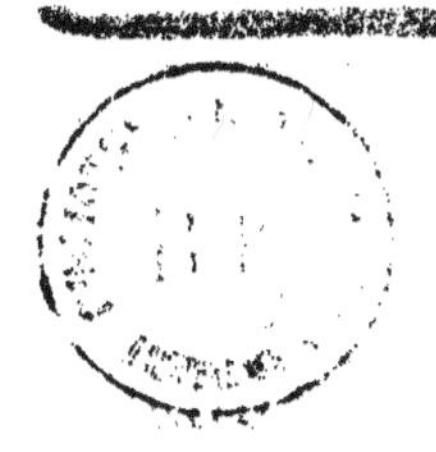

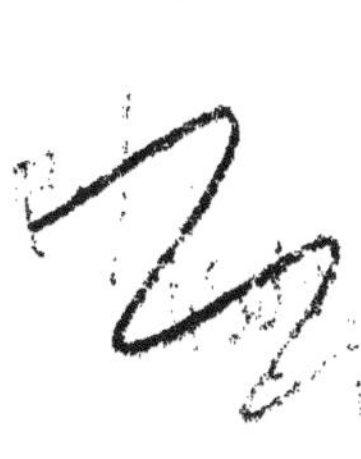

SOCIÉTÉ
DES
PEINTRES ORIENTALISTES FRANÇAIS

18e Exposition. - GRAND PALAIS

Avenue d'Antin

Du 7 au 26 Février 1909

PRÉSIDENTS D'HONNEUR :

M. Georges LEYGUES
DÉPUTÉ
Ancien Ministre

M. Paul DOUMER
Député. — Ancien Président de la Chambre des Députés. Ancien Gouverneur général de l'Indo-Chine.

COMITÉ DE PATRONAGE :

MEMBRES D'HONNEUR

Comte ALLARD DU CHOLLET.
Gabriel BONVALOT, directeur général du *Comité Dupleix*.
Georges BÉNÉDITE, professeur suppléant au Collège de France, conservateur des antiquités égyptiennes au Musée du Louvre.
Lieutenant-Colonel BERNARD, président de la Commission de délimitation des frontières de Siam.
E. BIGARD-FABRE, chef de la division des Musées et Expositions au Sous-Secrétariat d'Etat des Beaux-Arts.
Paul CASANOVA, directeur-adjoint de l'Institut archéologique du Caire.
J. CHARLES-ROUX, ancien député, président du Conseil d'Administration de la Société Transatlantique, commissaire général de l'Exposition Coloniale de Marseille.
A. DEHODENCQ.
Gaston DESCHAMPS.
Louis FARGES, chef du bureau historique aux Affaires étrangères.
CHÉKRI-GANEM.
Ed. GÉRARD, directeur de l'Office de l'Algérie.
Louis GONSE, membre du Conseil supérieur des Beaux-Arts et du Conseil des Musées.
Mme Myriam HARRY.
James H. HYDE.

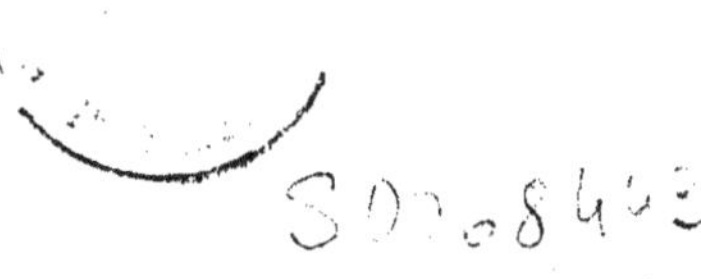

Georges Lafenestre, membre de l'Institut, conservateur honoraire au Musée du Louvre, professeur au Collège de France.

Ch. Lemire, ancien résident de France en Indo-Chine.

Ernest Leroux, éditeur.

A. Leuba, agent de change.

A. Maillet, publiciste, secrétaire du *Comité Dupleix*.

Henry Marcel, ancien directeur des Beaux-Arts, administrateur général de la Bibliothèque Nationale.

Roger Marx, inspecteur général des Musées au Ministère des Beaux-Arts.

Gaston Migeon, conservateur des objets d'art au Musée du Louvre.

Paul Leprieur, conservateur au Musée du Louvre.

Nouvion.

Joanny Peytel.

André Saglio, commissaire des Expositions des Beaux-Arts.

Saint-Germain, sénateur.

Gabriel Séailles, professeur à la Faculté des Lettres.

Gustave Soulier, critique d'art.

MEMBRES DÉCÉDÉS : Léon Gérome, membre de l'Institut, Félix Barrias, Benjamin-Constant, membre de l'Institut, A. Cluseret, Eugène Girardet, Huguet, Ch. Landelle, G. Morand, Marius Perret, Maurice Potter, Gustave Pinel, Félix Régamey, Ary Renan, James Tissot.

MEMBRES HONORAIRES : MM. Aublet, Hippolyte Berteaux, A. Besnard, A. Brouillet, F. Cormon, membre de l'Institut, Dagnan-Bouveret, membre de l'Institut, J. Dampt, E. Friant, J. Geoffroy, A. Lebourg, J.-A. Meunier, Armand Point, Victor Prouvé, A. Renoir, Théodore Rivière.

Président : M. Léonce Bénédite.

Vice-Président : M. le Baron A. Chassériau.

Secrétaire : M. Charles Masson ; *Trésorier :* M. Réalier-Dumas ; *Conseil judiciaire :* Me Benjamin Monteux, avocat à la Cour.

Membres titulaires : MM. Maurice Bompard, Paul Buffet, Amédée Buffet, J.-A. Chudant, Charles Cottet, Dagnac-Rivière, Dr Pierre Delbet, Etienne Dinet, Hector d'Espouy, H. d'Estienne, Gaudissard, E. Gillot, L.-A. Girardot, Paul Leroy, A. Lunois, A. Mulot, J. de la Nézière, Victor Péter, G. Rochegrosse, E. Sulpis, A. Suréda, J. Taupin, H. Vollet.

Membres adhérents. — MM. Ballot, Bastet, Duvent, E. Mérite.

Membres correspondants. — MM. E. Bernard, Déneux, Gasté, Muller, Maxime Noiré, José Silbert.

Correspondant indigène. — Si Sliman ben Ibrahim, O. I.

EXPOSITION RÉTROSPECTIVE

LANDELLE (**Charles**).

Alençon 1821. — Chennevières (Seine-et-Marne) 1908.

Études d'Égypte et d'Algérie.

I

PEINTURE

Dessins, Aquarelles, Gravures.

AGUTTE (Mme Georgette).
11, rue Cauchois, Paris.

1. — La montagne de Thèbes, vue de Luxor.
2. — Messine, vue de la mer.
3. — Côte de Calabre, vue de la mer.
4. — Jardin à Luxor.
5. — Jardin au Caire.

ANTONI (L.-F.).
6, villa de la Réunion, Paris.

6. — Danseuse, *aquarelle.*
7. — Oued de M'sila.
8. — Un coin d'El-Kantara.
9. — Tentes nomades.
10. — Dans les sables.
11. — M'sila.
12. — Une rue à M'sila.
13. — Études, *dessins.*

BALLOT (Georges-Henri).
13, rue de l'Abbaye, Paris.

14. — Gérona (Espagne), vue de la cathédrale par temps gris.
15. — Bain de Rosas (Espagne).

BARILLET (Louis-Joseph-Pierre).
Villa Ségur, 39, avenue de Ségur.

16. — Parthénon au soleil couchant.
17. — L'Acropole vue du Lycabette.
18. — Vieux pont et mosquée Verte. (Brousse.)
19. — La mosquée de l'Émir Sultan. (Brousse.)
20. — Le burg de Saint-Basile (Mont-Athos).
21. — Le passant (Mont-Athos).
22. — Apollonia (Turquie d'Asie).
23. — Temple de la Victoire Aptère.
24. — Vieille rue à Brousse.

BOUGOURD (Cécile).
9, rue de Sparte, Tunis.

25. — Place Bab-Souika.
26. — Coin de cimetière (Tunis).
27. — Souk des teinturiers (Tunis).
28. — Souk des étoffes.

BROCA (Alex. de).
26, quai d'Orléans, Paris.

29. — Tête de paysan des environs de Messine.
30. — Petite Bédouine (Tunisie), *aquarelle*.
31. — L'odalisque, *aquarelle*.
32. — Vue d'Alger, *pastel*.
33. — Notes de Tunisie, *aquarelle*.

BRONDY (Matteo).
15, rue Béranger, Paris.

34. — Cour de la maison du Caïd de Taouiala.
35. — Un Palanquin chez les Ouled-Sidi-Cheick, *aquarelle*.
36. — Coin de Douar à Tiaret, *aquarelle*.

CARRÉ (Léon-Jean-Baptiste).
9, rue Félix-Ziem, Paris.

37. — Marché aux chèvres, M'zab (Sud-Algérien).
38. — Marché arabe, *gravure.*
39. — Les goumiers, *gravure.*
40. — Les méharistes, *gravure.*
41. — El Kantara.
42. — Touggourt.
43. — Biskra. Ouargla. Ghardaia.
44. — Berian.
45. — Campement le soir, *gouache.*

CAUVY (Léon).
65, boulevard Arago, Paris.

46. — Le lendemain du Rahmadan. (Appartient à l'État.)
47. — Mauresques sur la terrasse.
48. — Femmes arabes.
49. — Dans les orangers.
50. — Le lendemain du Rahmadan.
51. — Cimetière musulman.
52. — Raccommodeuse de tentures.
53. — Terrasses de la ville arabe (Alger).
54. — Vue d'Alger, Octobre.
55. — Cavalier nègre.
56. — Femme arabe sous la treille.
57. — Cavalier nègre.
58. — Cimetière musulman (Alger).
59. — Mauresques au cimetière (Alger).
60. — Terrasse de la villa Abd-el-Tif.
61. — Arabe à la Noria.
62. — Intérieur de la grande mosquée (Alger).
63. — Porte de la villa Abd-el-Tif.
64. — Zorak.
65. — Spahi.
66. — Vue d'Alger, Décembre.

67. — Femme d'Alger.
68. — Zinah.
69. — La villa Abd-el-Tif.
70. — Une rue de la ville arabe (Alger).
71. — Mauresque.
72. — Groupe de Mauresques.
73. — Cimetière musulman.
74. — Spahi.
75. — Spahi et chevaux.
76. — Jeune Mauresque.
77. — Cimetière musulman.
78. — La villa Abd-el-Tif.
79. — Femmes arabes.
80. — Une rue de la ville arabe (Alger).
81. — Boutique arabe.
82. — Étalage de fruitier.
83. — Marabout de l'Amirauté (Alger).
84. — Bateaux de pêche (port d'Alger).
85. — Bateaux de pêche (port d'Alger).
86. — Campagne d'Alger.
87. — Campagne d'Alger.
88. — Mauresques sur la terrasse.
89. — Étude de spahi.
90. — Cour de la villa Abd-el-Tif.
91. — Lendemain du Rahmadan, *esquisse*.
92. — Une rue de la ville arabe, *gouache*. (Appartient à M. Ch.)
93. — Cimetière musulman, *gouache*.
94. — Cimetière musulman à Sidi-Abd-er-Rahmar, *gouache*.
95. — Une rue de la ville arabe (Alger), *gouache*.
96. — Une rue de la ville arabe (Alger), *gouache*.

CHABAS (Maurice).

3, villa Sainte-Foy, Neuilly-sur-Seine.

97. — Dans le Parc (Iles Baléares).

CHARPENTIER (Albert).

11, rue Faustin-Hélie, Paris.

98. — Le Souk des femmes à Tunis.
99. — Boutique arabe à Tunis, marchand de beignets.
100. — Maison au Géranium (Tunis).
101. — Sur la terrasse.
102. — Minarets et terrasses au Soleil couchant (Tunis).
103. — Café Arabe (Tunis).
104. — Fontaine à Sidi-Bou-Saïd.
105. — Le vieux Cimetière à Sidi-Bou-Saïd.
106. — Le Bou-Kormine vu de Sidi-Bou-Saïd.
107. — Femmes allant puiser de l'eau à l'Oued (Gabès).
108. — Laveuses (Gabès).
109. — Intérieur (Gabès).
110. — Étude (Gabès).
111. — Étude (Gabès).
112. — Étude (Gabès).

CHRISTOL (Frédéric).

35, avenue du Parc de Montsouris, Paris.

113. — La Montagne de la Table (Colonie du Cap) vue prise de l'île des Phoques.
114. — Abords du Mont-aux-Sources (Pays des Bassoutos).
115. — Village près de Léribé (Pays des Bassoutos).
116. — Village près de Lapogo (Pays des Bassoutos).
117. — Coucher de soleil à Mouja (Pays des Bassoutos).
118. — Le catéchiste Albin (Pays des Bassoutos).
119. — Vue prise près de la Station missionnaire d'Hermon (Pays des Bassoutos).
120. — Village à Livingstone (Pays des Barotsis; Haut-Zambèze).
121. — Les chutes Victoria (Pays des Barotsis; Haut-Zambèze).
122. — Les chutes Victoria (Pays des Barotsis; Haut-Zambèze).

**

123. — Le Zambèze à Seshéké.
124. — Coin du village de Seshéké.

CLAIRIN (**Georges**).
62, rue de Rome, Paris.

125. — La forêt de Teniet-El-Haad (Algérie), *aquarelle.*
126. — La forêt de Teniet-El-Haad (Algérie), *aquarelle.*
127. — Temple près de Karnak (Egypte), *aquarelle.*
128. — Cathédrale de Séville (Espagne).
129. — La chapelle des Veuves à Tolède (Espagne).

COTTET (**Charles**).
10, rue Cassini.

130. — Enfants de pêcheurs (Chioggia).
131. — Effet de lumière (Venise).
132. — Effet de lumière (Venise).
133. — Effet de lumière (Venise).
134. — Effet de lumière (Venise).
135. — Effet de lumière (Venise).

DAGNAC-RIVIÈRE (**Ch.-H.-G.**).
Moret-sur-Loing (Seine-et-Marne).

136. — Bouchers.
137. — Boucherie à Tétuan (Maroc).
138. — Marché.
139. — Fruits d'Orient.

DELAHOGUE (**Alexis-Auguste**).
15, rue Grange-Batelière, Paris.

140. — Femme tissant un burnous (El-Kantara).
141. — Caravane à Gabès (Sud Tunisien).
142. — Laveuses à l'Oued.
143. — Caravane algérienne.

144. — Marché à Djara (Gabès).
145. — Intérieur arabe (El-Kantara).
146. — Étude à Biskra.
147. — Étude à Bou-Saada.

DELAHOGUE (Eugène-Jules).
15, rue Grange-Batelière, Paris.

148. — Le soir à l'Oued (Gabès).
149. — Cimetière à El-Kantara.
150. — L'Oued à Bou-Saada.
151. — Village rouge à El-Kantara.
152. — L'Oued à Djara (Gabès).
153. — Village de Djara (Sud Tunisien).
154. — Étude à El-Kantara.
155. — Étude à Biskra.

DELBET (Dr Pierre).
24, rue du Bac, Paris.

156. — L'attente (Sfax).
157. — Repos.
158. — Bain des Juives (Tunisie).
159. — Les images (Biskra).

DINET (Alphonse-Étienne).
25, quai Voltaire, Paris.

160. — Portrait du poète Chekri Ganem.
161. — Sur les terrasses (Clair de Lune) Appartient à M. Moreau
162. — Danse de jeune fille.

DOIGNEAU (Édouard).
67, boulevard Berthier, Paris.

163. — La plage de Tanger, *aquarelle*.
164. — Vieille jument sur la plage de Tanger.

DRÉSA (Jacques).
23, rue Oudinot, Paris.

165. — Turqueries, *dessins d'illustrations.*

ESTIENNE (Henry d')
48, avenue Daumesnil, Paris.

166. — Jeune fille arabe portant le pain,
167. — Intérieur de la basilique Saint-Marc (Venise).

EYSSÉRIC (Joseph).
90, rue d'Assas, Paris.

168. — Dans le désert, près de Tozeur (Sud Tunisien). *pastel*
169. — Gafsa (Tunisie), *pastel.*
170. — A Toumodi (Côte d'Ivoire), *aquarelle.*

de FONTANES (Raymond Coiquaud).
18, rue du Dragon.

171. — Porte d'église (Venise).
172. — Vieille rue Castello (Venise).
173. — Campo Bandiere e moro.
174. — Vieille rue Castello (Venise), *pastel.*
175. — Chantier Castello (Venise), *pastel.*
176. — Marché aux fruits (Venise), *pastel.*
177. — Fondamenta nuova (Venise), *pastel.*

FORSTER (Lys Mlle).
7, avenue de Longchamp, Boulogne.

178. — Brahim ben Batouch (Biskra).
179. — Nacla (Bou-Saâda).
180. — Abd Allah (Bou-Saâda).

GAUDISSARD (E.).

14, rue de la Cure, Paris.

181. — Femmes de Rades au bord de la mer.
182. — Femmes de Rades au bord de la mer.
183. — Intérieur du Marabout de Cherchell.
184. — Femmes au cimetière.
185. — L'Escalier bleu.
186. — Cimetière de Blidah.
187. — Femmes au bain.
188. — Intérieur de Hammam.
189. — L'idole jaune.
190. — Sur une tombe.
191. — L'apparition.
192. — Cour à Alger vers le soir.
193. — Cour à Tétuan.
194. — Mauresques au balcon.
195. — Mauresques au balcon.
196. — La cour rose.
197. — La cour blanche.
198. — La cour bleue.
199. — Cour à Blida.
200. — La porte sur le bassin.
201. — Le patio vert.
202. — La tombe bleue.
203. — Le bassin de marbre rose.
204. — Le jet d'eau sous les arbres.
205. — Le bassin aux jets d'eau.
206. — Le bassin dans la cour.
207. — Femmes autour du bassin.
208. — Le bain.
209. — La cour rose à Blida.
210. — La cala (Ile de Mallorca).
211. — Les rochers violets (Ile de Mallorca).
212. — Le terrain rouge (Ile de Mallorca).
213 — Le racon (Ile de Mallorca).
214. — Le cap jaune (Ile de Mallorca).
215. — Le cap rouge (Ile de Mallorca).
216. — Puerto de Soller (Ile de Mallorca).
217. — Oliviers à Soller (Ile de Mallorca).
218. — Le golfe.
219. — L'Acropole.

Petites études :

220. — Au cimetière d'El-Ketar (Alger).
221. — Femmes au cimetière.
222. — Marabouts de Cherchell.
223. — Promenade au bord de la mer (Rhodes).
224. — Juives au balcon (Bizerte).
225. — Le Hammam.
226. — Femme au bain.
227. — Le marchandage.
228. — Cour intérieure.
229. — La maison au trou.
230. — Le jet d'eau.
231. — Femmes se baignant.
232. — Paysage de Mallorca.
233. — Les amandiers à Valdemosa.
234. — Vers le soir à Miramar.
235. — Sur la côte à Miramar.

Fresques :

236. — Le bain.
237. — Femmes au bain.
238. — Femmes au bord de la mer.
239. — L'Amour, étude pour une fresque.
(Voir sculpture).

GASTÉ (Constant-Georges).

Chez M. Bérard : 56, rue Saint-Placide, Paris.

240. — La passerelle de l'Abbazzia (Venise).
241. — La Madone du Pont del Paradiso, *étude* (Venise)
242. — Impression de Venise : La Ca'd'Oro.
243. — (Venise). Étude de canal donnant sur la Lagune.
244. — Le Café dans les tombes (Karadja-Achmet), Turquie. Appartient à M. A. L.
245. — Les caïques de la Fontaine d'Achmet (Scutari d'Asie).
246. — La rue des Derviches hurleurs (Scutari d'Asie).
247. — L'Échelle de Saladjak devant Stamboul (Turquie).

248. — Les abords du Sanctuaire de la Déesse aux yeux de poisson (Madura ; Indes).
249. — L'Étang du Lys d'Or (Madura).

GAUTIER (Mme Marie).
6, villa de la Réunion, Paris.

250. — Le village noir, El-Kantara, *aquarelle.*
251. — Le village rouge, El-Kantara, *aquarelle.*
252. — M'sila, *aquarelle*
253. — Intérieur saharien, *aquarelle.*
254. — Oued de M'sila, *aquarelle.*
255. — Une rue du village rouge, El-Kantara, *aquarelle.*
256. — Une rue du village rouge, El-Kantara, *aquarelle.*
257. — Entrée du village noir, El-Kantara, *aquarelle.*

GILLOT (E. Louis).
86, rue Notre-Dame-des-Champs, Paris.

258. — Ponte di Rialto (Vénézia).
259. — Riva del Carbone (Vénézia).
260. — Hôtel Danielli (Vénézia).
261. — Torre del Orologio (Vénézia).
262. — Sur les quais (Napoli).
263. — Piazza del Signoria (Firenze).

GIRARDOT (Louis-Auguste).
68, rue d'Assas, Paris.

264. — Tentes de Nomades (Algérie).

HAROLD-GALLEN.
Galerie de l'Art décoratif, 7, rue Laffitte, Paris.

265. — Une vitrine eaux-fortes (Maroc).

HAVET (Henri).
22, rue Saint-Ferdinand, Paris.

266. — Les ruines du Stade au Palatin.
267. — Intérieur.

JOUVE (Paul).

15, rue Boissonade, Paris.

268. — Alger, le matin.
269. — Alger, le matin.
270. — Môle de l'Amirauté à Alger.
271. — Étude de ciel.
272. — Torpilleurs dans le port d'Alger.

Dessins :

273. — Étude de paon.
274. — Grand-duc.
275. — Sauterelle (*Jungle*).
276. — Vague (*Jungle*).
277. — Paon.
278. — Aigle belliqueux.
279. — Vautour chauve (*Jungle*).
280. — Panthère noire.
281. — Python tuant un daim (*Jungle*).
282. — Cheval arabe.
283. — Tigre dans les bambous (*Jungle*).
284. — Grand-duc tuant un lièvre.
285. — Paon sur un arbre.
286. — Vautour (*Jungle*).
287. — Marabout.
288. — Python.
289. — Marabout.
290. — Panthère noire.
291. — Éléphant (*Jungle*).
292. — Python mangeant.
293. — Panthère noire.
294. — Condor.
295. — Tigre flairant.
296. — Ours jouant.
297. — Le gué (*Jungle*).
298. — Python sur un ficus (*Jungle*).
209. — Paysage (*Jungle*).
300. — Ours assis.

301. — Marabout.
302. — Tête de python.
303. — *Trois croquis.*
304. — Marabout et crocodile (*Jungle*).
305. — Python enroulé.
306. — Paon stylisé (*Jungle*).
307. — Crocodile.
308. — Tigre marchant.
309. — Tigre marchant.
310. — Lionne couchée.
311. — Cygne.

JUDITH.
5 *bis*, rue d'Odessa, Paris.

312. — Chine et Japon. Nature morte.
313. — Indienne, de dos.
314. — Indienne, de face.

JUNÈS (David).
3, rue Pétrarque, Paris.

315. — Rabbin en lecture.
316. — La Meghila.
317. — La Hanouka.

LAPARRA (William).
65, boulevard de Clichy, Paris.

318. — El Paseo.
319. — Locuterio de San Antonio el Real.
320. — La Despedida.
321. — Le couvent.
322. — Aveugles mendiants.
323. — Escalier de mon atelier.
324. — A San Lorenzo.
325. — La route du couvent.
326. — Faubourg de San Lorenzo.

LAURENS (Camille-Adolphe).
48, avenue Victor-Hugo, Paris.

327. — Conte chinois.
328. — Jeunes filles chinoises.
329. — Femme annamite.
330. — Danseuses chinoises.
331. — Scène du théâtre chinois.
332. — Danseuses cambodgiennes.

LAURENT-GSELL (Lucien).
50, rue Saint-Georges.

333. — La festa de Luna (environs de Gênes).
334. — Le marché de San Remo.
335. — La citta vecchia.
336. — La fontaine San Carlo.
337. — La citta nuova (San Remo).
338. — Le port de San Remo.
339. — Marchande de rafraîchissements (San Remo).
340. — Le port de Luna.

LAUTH (Frédéric).
36, rue d'Assas, Paris.

341 — Rosa. Costume de messe, Salamanque.
342. — Juan l'estropié, Avila.
343. — Lorenzo le mendiant, Avila.
344. — Étude.
345. — Étude.
346. — Étude.
347. — Etude.
348. — Étude.
349. — Étude.
350. — Étude.

LEROY (Paul).
25, avenue de Wagram, Paris.

351. — Zora, jeune femme d'Alger.
352. — Oum El-Kheïr, Ouled-Naïl, *pastel.*
353. — Fatma, petite fille de Biskra, *pastel.*

LÉVY-DHUMNER (Lucien).
3 *bis*, rue Labruyère, Paris.

354. — Petits nègres, étude, *pastel.*

LUNOIS (Alexandre).
1, rue de Poissy, Paris.

355. — La leçon de danse.
356. — La cachucha, *pastel.*
357. — Les voisines, *pastel.*
358. — Intérieur d'église, *pastel.*
359. — Juives de Tanger, *pastel.*

MAILLAUD (Fernand).
3, rue de l'Estrapade.

360. — Une rue à Burgos.
361. — Marché à Gerona.
362. — Église en Catalogne.
363. — Catalogne espagnole.
364. — Étude de jeune Catalane.

MARTEL (Charles).
4, rue Beautreillis, Paris.

365. — Égyptiennes.
366. — Au pays des oranges, *esquisse pour panneau décoratif.*
367. — Venise, *dessin rehaussé de couleurs.*
368. — Rue du Caire, *dessin rehaussé de couleurs.*

MARTIN-KAVEL (François).
26, boulevard d'Argenson, Neuilly-sur-Seine.

369. — Maryam, *peinture.*

NÉZIÈRE (Joseph de la).
6, rue Aumont-Thiéville, Paris.

370. — Soirs indiens (Vichnou-Brahma-Siva), *triptyque.*
371. — Quatre panneaux décoratifs pour le pavillon de l'Algérie à l'Exposition franco-britannique 1908.

PADILLA (Claudio).
Grenade (Espagne) et à Paris, chez M. Fred. Lauth, 36, rue d'Assas.

372. — *Panneau I.* — Scènes espagnoles :
Les murs de l'Alhambra (Grenade).
Voyage.
Marché du soir.
Corrida de toros.
Baile serrano (danse montagnarde).
Sevillanas (danse de Séville).
La cantadora (la chanteuse).
La hermosa (la belle). (Appart. à M. F. L.)
373. — *Panneau II.* — Paysages (Espagne) :
Village de la Sierra.
El castillo (le château). (Appartenant à M. S.)
Le cortège de la mariée (Sierra).
La course de taureau du mariage.
Automne.
Paysage del Levante (province de Murcie).
Les voyageurs (effet de lune).

REALIER-DUMAS (Maurice).
à Chatou (Seine-et-Oise).

374. — Le ravin de Chabet-Aoun (Tunisie).
375. — Dunes de Meraïssa (Tunisie).
376. — Les oliviers monstres de Majorque.

RIBLET (Fernand).
69, rue Lepic, Paris.

377. — Mosquée (Alger).
378. — Cavalier sur une route.
379. — Mosquée d'Omar (Jérusalem).
380. — Le sphinx (Caire).
381. — Une casba (Alger).

ROCHE (Pierre).
25, rue Vaneau, Paris.

382. — La barque (Alger).
383. — La mosquée (Alger).
384. — La charmeuse de serpents (Alger).
(Gypsographies ; épreuves sur Japon, tirées par l'auteur, signées et numérotées). Imprimerie Georges Petit, 8, rue de Sèze.

ROMBERG (Maurice).
Mustapha Supérieur, Alger.

385. — Le gué (Biskra).
386. — Sous le Bougainvillier (Biskra).
387. — Rguia, femme des Oasis.
388. — Femme et enfant du vieux Biskra.

ROUSSEAU (Henri-Émilien).
15, rue Hégésippe-Moreau, Paris.

389. — Brigadier de Spahis.
390. — Panneau de six pochades d'Algérie et de Venise.

SILBERT (**José**).
139, boulevard de Longchamp, Marseille.

391. — Souk el Berrani et entrée du faubourg des Zlass à Kairouan.
392. — Habiba, favorite du 4e Tirailleurs.

SUREDA (**André**).
18, rue Labruyère, Paris.

393. — Bar du Coq Hardi.
394. — Cigarière.
395. — Paysage algérien, *aquarelle.*

VALENSI (**Henry**).
31, rue Saint-Lazare, Paris.

396. — Études (Algérie).

VOLLET (**Henri**).
4, rue Aumont-Thiéville.

397. — Les Bateaux Indo-Chinois.
398. — Le matin ; fleuve rouge.
399. — Les Sampans devant la Pagode. Appartient à M. Gautrin.
400. — Le Marché des Bambous.
401. — Inspection sur un arroyau.
402. — La pêche au carrelet.
403. — Entrée d'une ville fortifiée.

II

SCULPTURE

BOUCHARD (Henry).
17, rue Campagne-Première, Paris.

404. — Berger phocéen, *groupe bronze fondu à cire perdue.*
405. — Porteur d'eau marocain, *statuette bronze fondue à cire perdue.*
406. — Le retour du marché arabe, *petit groupe bronze fondu à cire perdue.*
407. — Le marabout, *petit groupe bronze fondu à cire perdue.*

BUGATTI (Rembrandt).
8, rue Royale, chez M. Hébrard.

408. — Panthère moustachue, *bronze à cire perdue.* (Appartenant à M. A.-A. Hébrard.)
409. — Lion, *bronze à cire perdue.* (Appartenant à M. A.-A. Hébrard.)
410. — Tigre bâillant, *bronze à cire perdue.* (Appartenant à M. A.-A. Hébrard.)
411. — Auroch, *bronze à cire perdue.* (Appartenant à M. A.-A. Hébrard.)
412. — Antilope gorgou, *bronze à cire perdue.* (Appartenant à M. A.-A. Hébrard.)
413. — Rhinocéros, *bronze à cire perdue.* (Appartenant à M. A.-A. Hébrard.)

GAUDISSARD (E).
14, rue de la Cure.

414. — Le Marabout, *bronze*.
415. — L'Ouled-Naïl, *céramique*.
416. — Buste d'Ouled-Naïl, *plâtre patiné*.
417. — Danseuse égyptienne, *céramique*.
418. — Le mendiant arabe, *plâtre*.
419. — La mauresque voilée, *plâtre patiné*.

LANDOWSKI (Paul).
12, rue Moissons-Desroches, Boulogne-sur-Seine.

420. — Porteuses d'eau aveugles, *grand bronze, cire perdue*.
421. — Fakir aux serpents, *bronze*.
422. — Combat de vautours, *grand bronze*.

de MELLANVILLE (Germain).
22, rue Tourlaque, Paris.

423. — Le laboureur, *terre cuite*.
424. — Le départ pour la Mecque, *terre cuite*.
425. — Femme voilée, *terre cuite*.
426. — Marchand d'oranges, *terre cuite*.
427. — Salut arabe, *terre cuite*.
428. — Musicien arabe, *terre cuite*.
429. — L'Aïd-el-Kébir, *terre cuite*.
430. — Fillette à la cruche, *terre cuite*.
431. — L'aveugle, *terre cuite*.
432. — Fabricant de tamis, *terre cuite*.
433. — Tourneur arabe, *terre cuite*.
434. — Chercheur de poux, *terre cuite*.
435. — Petit portefaix, *terre cuite*.
436. — Marchand de journaux, *terre cuite*.
437. — , *terre cuite*.
438. — Danseuse, *plâtre*.
439. — Porteur d'huile.

NAVELLIER (Édouard-Félicien-Eugène).
11, boulevard du Montparnasse, Paris.

440. — Buffle de Kéraban, *bronze ciselé et patiné par l'auteur.*

441. — Ben Mochkar (méhariste en vedette), *bronze ciselé et patiné par l'auteur.*

PETER (Victor).
40, rue Dutot.

442. — Modèle de la médaille de la Société des Peintres-Orientalistes Français.

443. — Réduction de la face et du revers de la même médaille.

444. — Le lion et le moucheron.

WALDMANN (Oscar).
80, avenue du Maine, Paris.

445. — Lion aux aguets, *pierre.*

446. — Mouflon, *bronze.*

447. — Propos amoureux.

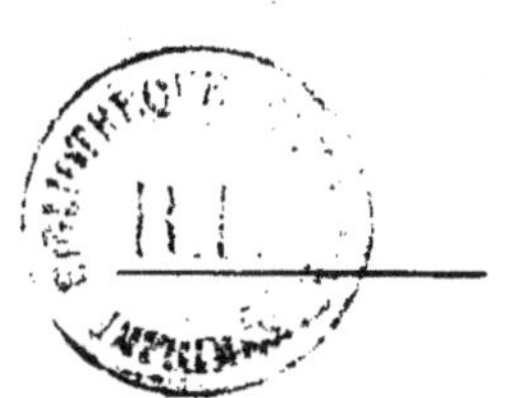

AVIS aux Tapissiers et aux AMATEURS de TAPISSERIES anciennes et modernes.

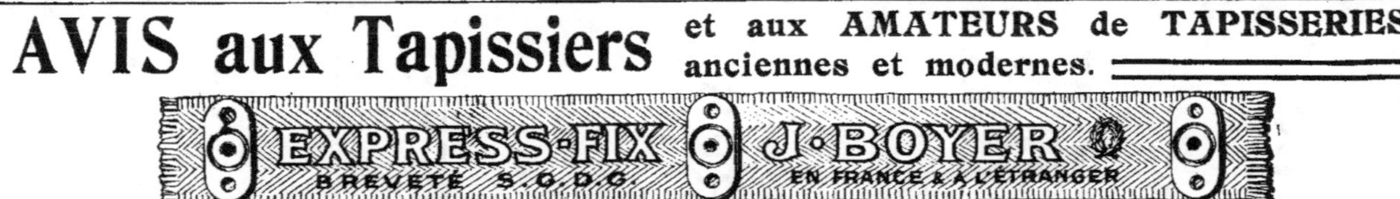

Fournisseur de la Manufacture Nationale des Gobelins.

" L'EXPRESS-FIX " supprime les clous, agrafes, anneaux, crochets, en un mot, tout ce qui a été employé jusqu'à ce jour pour accrocher, tendre ou suspendre les tapisseries anciennes au mur, les tentures, etc.

Les installations faites à ce jour chez tous les Amateurs qui ont connu **L'Express-Fix** *sont innombrables, et tous les Tapissiers peuvent en faire l'installation eux-mêmes, étant donné la simplicité de l'application de cette invention.*

Qui le voit, le juge ! **Qui le juge, l'emploie !**

En cas d'incendie l'utilité de ce système est toute indiquée.

Ce système permet de tendre les tapisseries anciennes au mur et de les détendre instantanément, soit pour les battre et les ranger, ou les remettre en place aussitôt, sans marteau, sans clous, sans le fil de fer tendu qui doit recevoir les agrafes, sans la barre de fer ou de cuivre qui reçoit les anneaux, etc.

Les Tentures de portes, de fenêtres, (Décors Henri II et Renaissance), de lits gothiques et autres, de dos de pianos, voire celles murales, au besoin, peuvent recevoir cette application des plus simples et des plus pratiques. Le démontage est instantané, le nettoyage des dites tentures devient des plus faciles ainsi que le remontage sur place.

Demander l'EXPRESS-FIX chez tous les Tapissiers ou dans toutes les Maisons de fournitures pour ameublements.

Pour tous renseignements, écrire à l'Inventeur : **J. BOYER**, 38 *bis*, Rue Fontaine, PARIS (9e Arrt) — Téléph. 231-46

Imprimerie F. Jourdan, 36-38, rue de la Goutte-d'Or, Paris.

www.ingramcontent.com/pod-product-compliance
Lightning Source LLC
LaVergne TN
LVHW010009230826
846092LV00002B/718

* 9 7 8 2 3 2 9 6 4 5 8 7 2 *